Viver é...

Viver é...

Texto de Antonio Malta e Marcelo Cipis
Ilustrações de Marcelo Cipis

Martins Fontes
São Paulo 2002

*Copyright © 2002, Livraria Martins Fontes Editora Ltda.,
São Paulo, para a presente edição.*

1ª edição
novembro de 2002

Revisão
Helena Guimarães Bittencourt
Produção gráfica
Geraldo Alves

Dados Internacionais de Catalogação na Publicação (CIP)
(Câmara Brasileira do Livro, SP, Brasil)

Malta, Antonio
 Viver é – / Antonio Malta, Marcelo Cipis ; ilustrações de Marcelo
Cipis. – São Paulo : Martins Fontes, 2002.

 ISBN 85-336-1689-9

 1. Vida – Citações, máximas etc. I. Cipis, Marcelo. II. Título.

02-6163   CDD-808.882

Índices para catálogo sistemático:
 1. Vida : Citações : Coletâneas : Literatura   808.882

Os direitos mundiais desta edição estão reservados à
Livraria Martins Fontes Editora Ltda.
*Rua Conselheiro Ramalho, 330/340   01325-000   São Paulo   SP   Brasil
Tel. (11) 3241.3677   Fax (11) 3105.6867
e-mail: info@martinsfontes.com.br   http://www.martinsfontes.com.br*

...se refestelar.

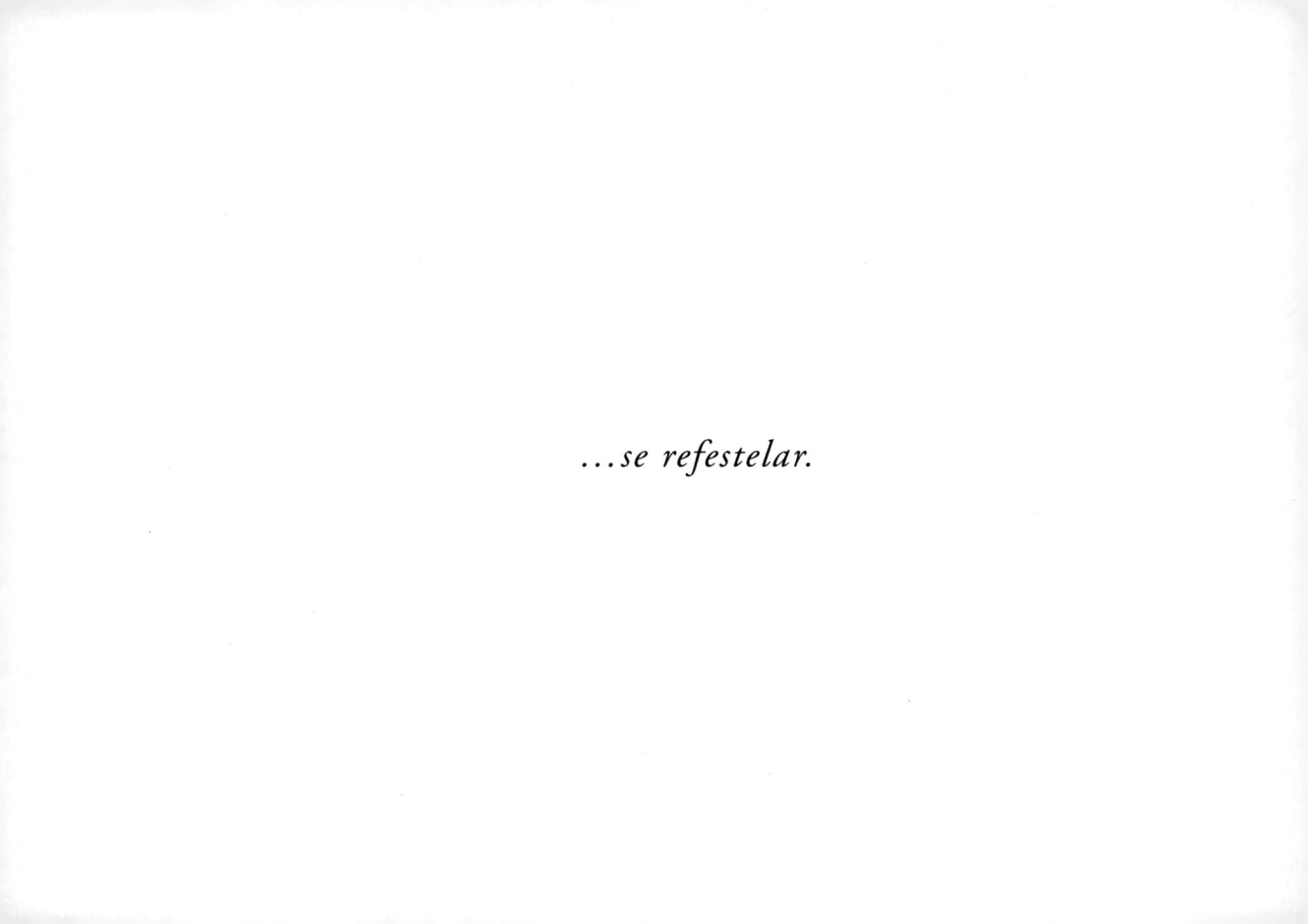

...admirar as estrelas.

...dar a mão para atravessar a rua.

...se sentir nas nuvens.

...sair na chuva para se molhar.

...aceitar as diferenças.

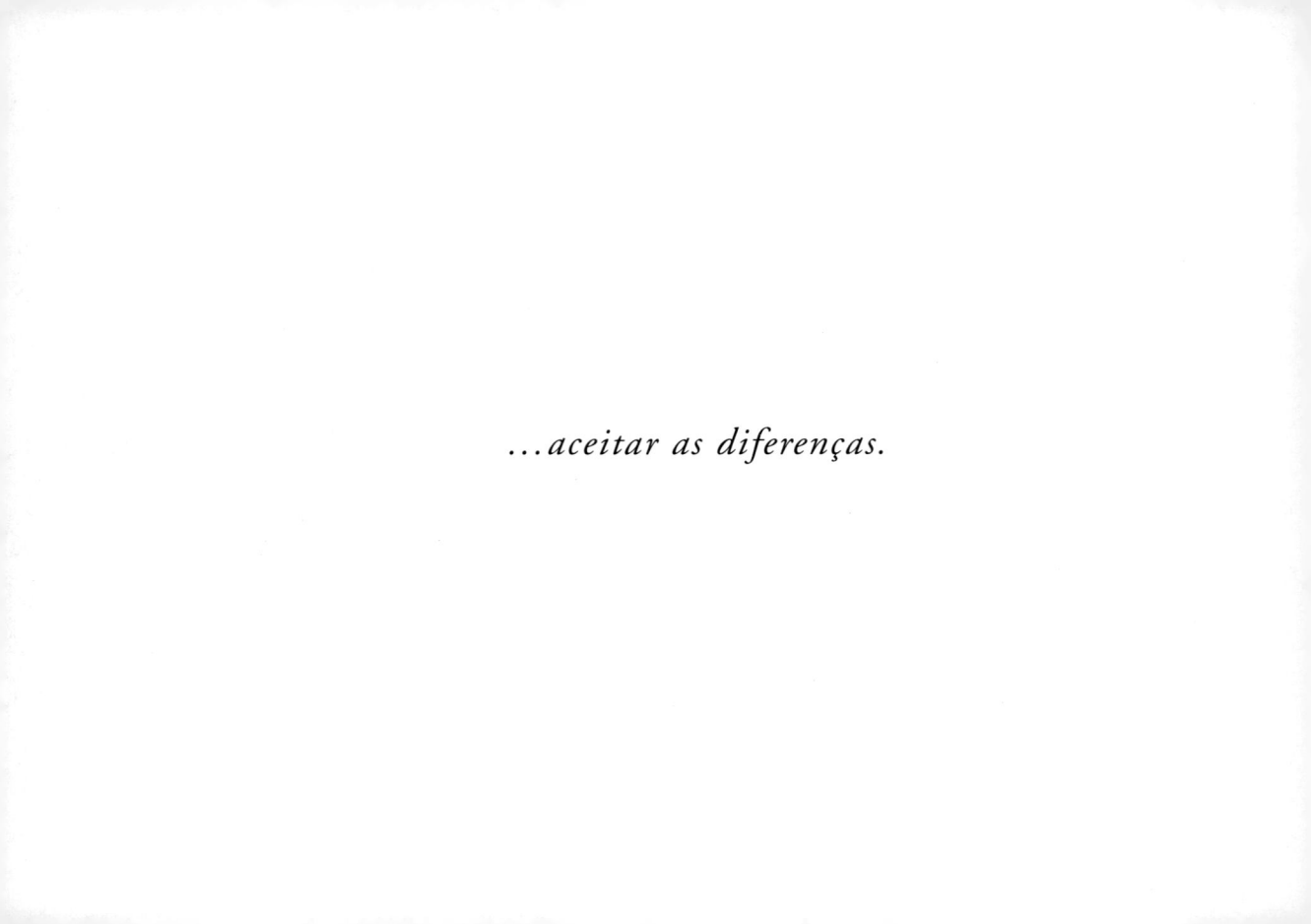

...nunca perder o pique.

...sonhar acordado.

...sofrer com seu time.

...superar obstáculos.

...visitar um primo distante.

...comer um doce.

...plantar uma árvore.

...tocar trombone no último andar.

...conviver com o perigo.

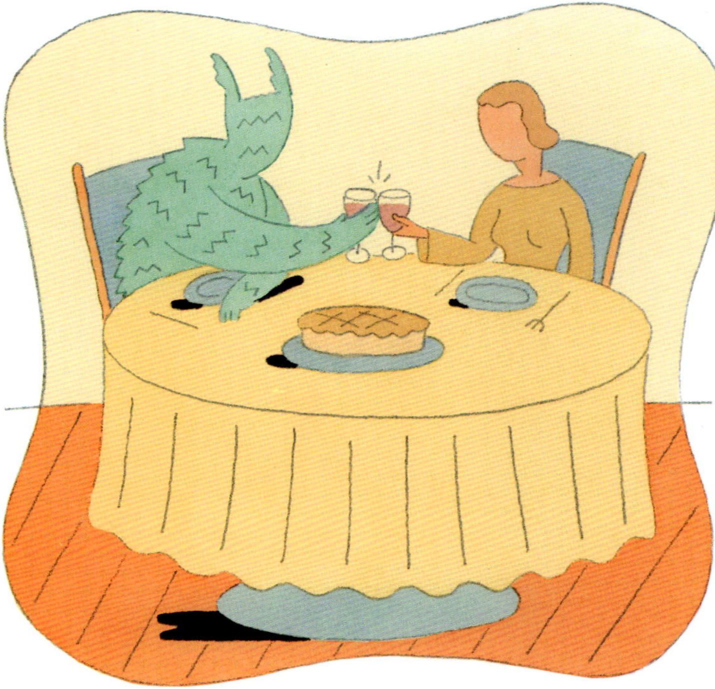

...se arrepiar de emoção.

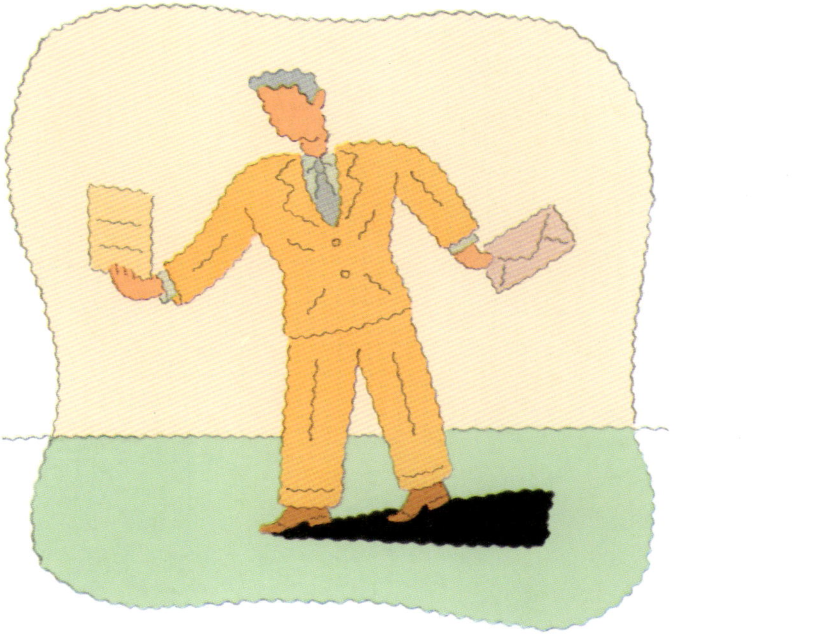

...embarcar em uma longa viagem.

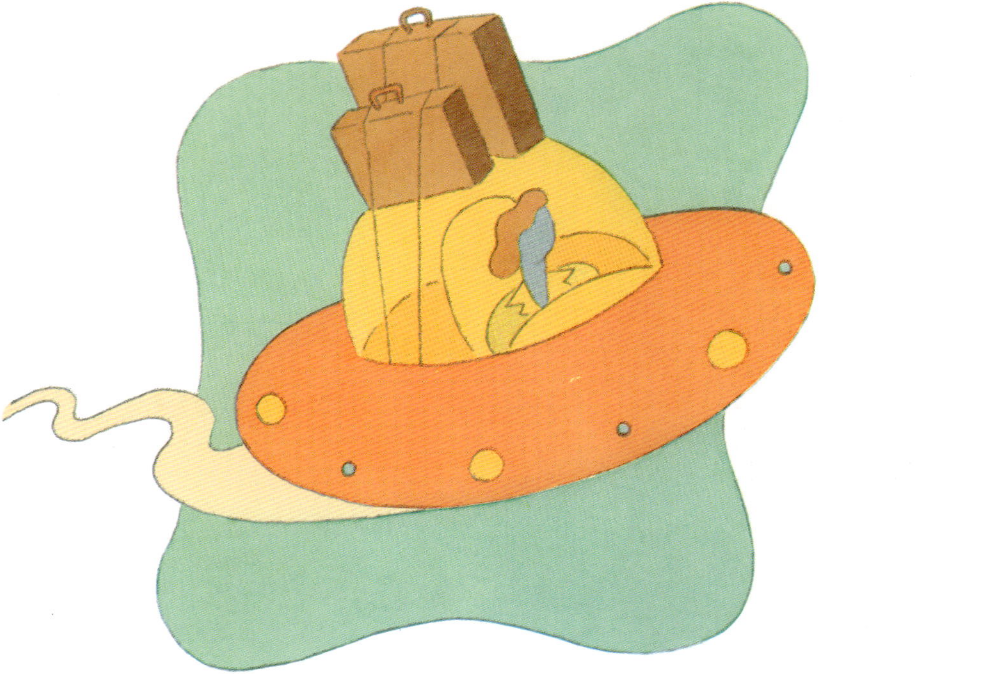

...dormir abraçadinho.

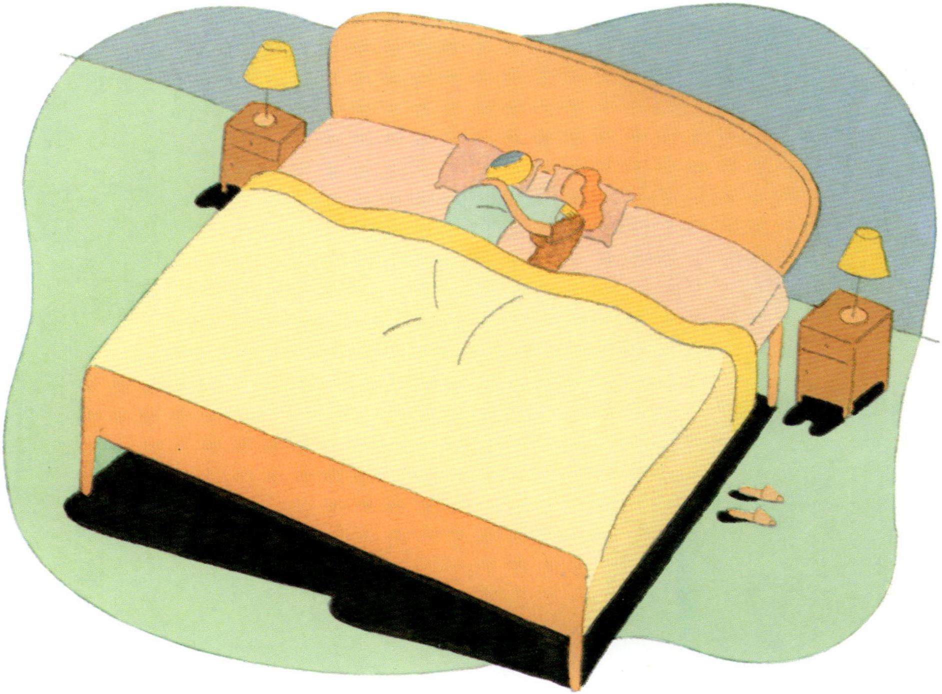

...tomar banho de cachoeira.

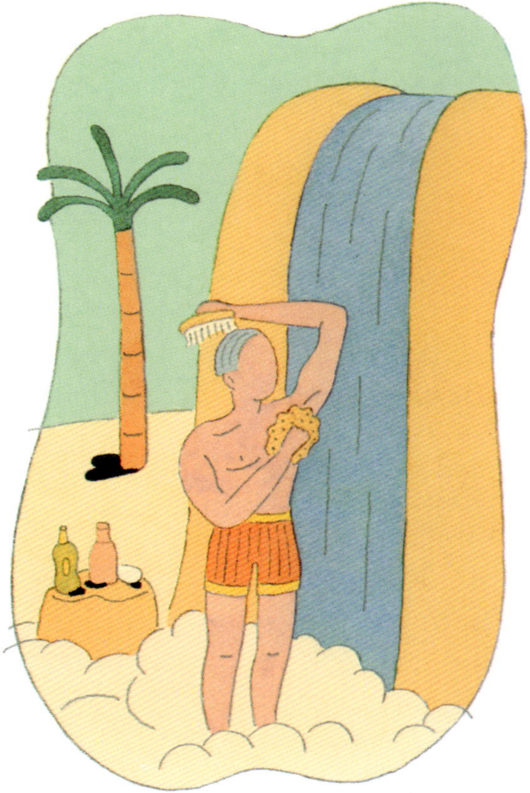

...sentir saudades de alguém.

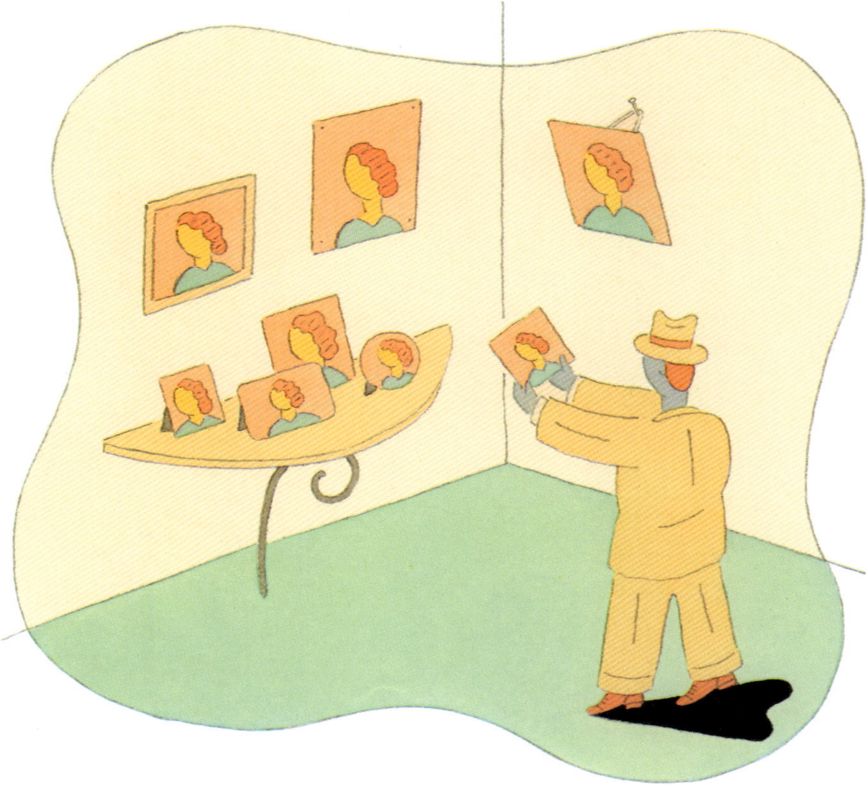

Viver é ser feliz à sua maneira.

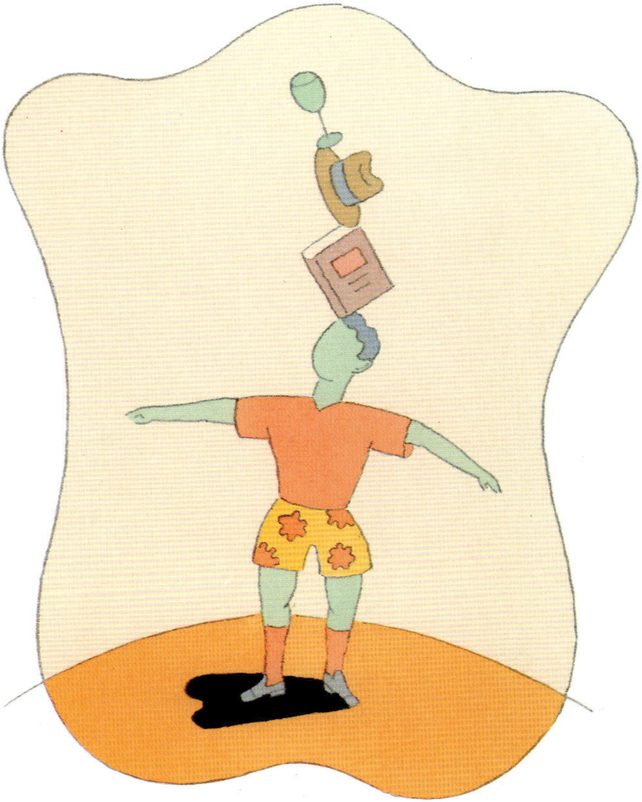

Antonio Malta (São Paulo, 1961)
é artista plástico e expõe suas pinturas desde 1985.
É formado pela Faculdade de Arquitetura e Urbanismo da USP,
onde recentemente defendeu tese de mestrado.

Marcelo Cipis (São Paulo, 1959),
formado pela Faculdade de Arquitetura e Urbanismo da USP,
é artista plástico e ilustrador desde 1977. Expõe regularmente seu
trabalho em pintura, tendo participado, em 1991,
da 21ª Bienal de São Paulo.